PARTEMENT DE SEINE-ET-MARNE

Arrondissement de Coulommiers

Règlement et Tarif

DE L'OCTROI

DE LA COMMUNE DE COULOMMIERS

COULOMMIERS
IMPRIMERIE PAUL BRODARD

1921

DÉPARTEMENT DE SEINE-ET-MARNE

Arrondissement de Coulommiers

Règlement de l'Octroi

DE LA COMMUNE DE COULOMMIERS

Population. .	totale.	7 224	habitants.
	agglomérée.	5 541	—

Décret du 31 Décembre 1911.

Population soumise à l'octroi. . . . . . . 5 994 habitants.

RÈGLEMENT ET TARIF

Approuvés le 18 Décembre 1920 jusqu'au 31 Décembre 1924.

CHAPITRE PREMIER

§ I. — De la Perception.

ARTICLE PREMIER.

L'octroi municipal et de bienfaisance établi dans la commune de Coulommiers, département de Seine-et-Marne, sera perçu conformément au tarif ci-annexé et d'après les dispositions du présent Règlement.

La perception se fera sur tous les objets compris au tarif et sur tous les consommateurs, sans aucune exception.

La surveillance immédiate de l'octroi appartient au Maire, sous l'autorité de l'Administration supérieure.

La surveillance générale sera exercée par la Régie des contributions indirectes.

ARTICLE 2.

Le rayon de l'octroi comprendra : tout le territoire de la commune, qui se trouvera inclus dans les limites ci-après décrites.

Les limites de l'octroi seront indiquées par quinze poteaux portant cette inscription : ***Octroi de Coulommiers***. Ils seront placés aux routes et avenues principales.

Le poteau n° 1 est placé à l'angle formé par la route nationale n° 34 et le chemin des Grands-Maisons.

La limite de l'octroi part de ce poteau et suit le chemin du Moulin-des-Prés en contournant le carrefour situé à l'embranchement du chemin du Moulin-Trochard jusqu'au premier bord de la rivière.

Sa limite suit ce bord de la rivière jusqu'au prolongement du fossé de décharge qui existe derrière et au nord du moulin, elle franchira la rivière, suivra le dit fossé et aboutira sur le chemin vicinal de Coulommiers à Triangle, jusqu'à l'embranchement du chemin de la Fondrière; là se trouve placé le poteau n° 2.

La limite traverse le chemin vicinal, suit le chemin de la Fondrière, traverse le chemin du Petit-Montanglaust à Coulommiers, puis l'ancienne route de Montanglaust; là se trouve placé le poteau n° 3.

La limite de ce point suit la ruelle aux Loups, traverse la route départementale n° 1 et se continue jusqu'à la pointe de la parcelle n° 550 de la sectien C du cadastre; à ce point est placé le poteau n° 4.

De ce dernier point la limite de l'octroi suit la tête des vignes en traversant le chemin de Coulommiers à l'Hôpital, celui de Coulommiers à Doue et vient aboutir sur le chemin du Theil à la limite séparative entre les n°s 407 et 410 de la section C du cadastre; ici se trouve placé le poteau n° 5.

De ce poteau la limite se dirige vers le Theil en suivant le chemin jusqu'à l'embranchement de la rue Verte où est placé le poteau n° 6.

De ce point la limite de l'octroi suit la rue Verte, traverse la route départementale n° 22, et aboutit sur la promenade du bord de l'eau où est placé le poteau n° 7.

De là, la limite se dirige vers Coulommiers jusqu'au premier carrefour où elle joint le bord de la rivière, elle suit le bord de cette rivière jusqu'au prolongement du côté des fossés des Capucins; là est placé le poteau n° 8.

De ce point, la limite de l'octroi se dirige vers le sud en traversant la prairie et suivant le bord des Capucins, traversant la fausse rivière et se prolongeant en ligne droite à travers la parcelle n° 1 de la section F du cadastre jusqu'à la rencontre du chemin de Saint-Siméon, dit des Margats et du chemin rural n° 37 ; à cet angle est placé le poteau n° 9.

De ce point, la limite de l'octroi coupe en ligne droite la parcelle n° 980 de la section B jusqu'à la rencontre de la parcelle 985 et remonte vers le sud jusqu'au n° 984 *ter*. De là, elle se continue en ligne droite jusqu'au chemin vicinal de Saint-Pierre où est placé le poteau n° 10.

De ce poteau, la limite suit le chemin de Saint-Pierre à Vaux en se dirigeant vers l'ouest, traverse la route nationale n° 34 et se continue jusqu'au milieu de la bordure de la parcelle n° 1186 de la section H où est placé le poteau n° 11.

De ce point, la limite se continue dans une direction du sud-ouest au nord-est de la même parcelle jusqu'à la rencontre de la parcelle 1198, où est placé le poteau n° 12.

De ce poteau, la limite se dirigeant vers l'ouest traverse les parcelles n°s 1186, 1182, 1180, 601, 602, 603 et 610 de la section H, côté sud, et traverse le chemin de Vaux ; à ce point est placé le poteau n° 13.

La limite se prolonge ensuite sur la même ligne jusqu'à la rue Droite à la rencontre de laquelle est placé le poteau n° 14.

De là, la limite de l'octroi suit la rue Droite vers Coulommiers jusqu'à la limite sud du chemin de fer qu'elle suit, se dirigeant vers l'ouest, jusqu'à la rencontre de la rue Creuse conduisant aux Parrichets où est placé le poteau n° 15.

De ce poteau la limite du périmètre de l'octroi va joindre le poteau n° 1 en suivant la dite rue Creuse et traversant le chemin de fer, la fausse rivière et la route nationale n° 34.

De plus 3 poteaux intermédiaires sont placés aux points de la limite de l'octroi ci-après : 1° avec la route départementale n° 1 ; 2° la route départementale n° 22 et 3° la route nationale n° 34 sur le chemin de Saint-Pierre à Vaux à l'angle de la parcelle n° 219.

Article 3.

Les déclarations et la recette des droits se feront aux bureaux ci-après désignés, Savoir :

Le 1er à la porte de Melun ;

Le 2e à la porte de Paris ;

Le 3e à la porte de la Ferté-sous-Jouarre;
Le 4e à la porte de Rebais;
Le 5e à l'abattoir.
Le bureau central sera établi à la porte de Melun.

Ces bureaux seront indiqués par un tableau portant ces mots : ***Bureau de l'octroi***. Ils seront ouverts tous les jours.

Pendant les mois de janvier, février, novembre et décembre de 7 à 19 heures.

Pendant les mois de mars, avril, septembre et octobre de 6 à 20 heures.

Pendant les mois de mai, juin, juillet et août de 5 à 21 heures.

Le bureau de Melun restera ouvert jusqu'après l'arrivée des trains de 21 heures.

Article 4.

Il ne pourra être introduit d'objets assujettis aux droits que par les routes où sont placés les poteaux indicatifs des limites et par les bureaux désignés à l'article 3.

Toute introduction d'objets soumis aux droits d'octroi, qui aurait lieu à d'autres heures que celles indiquées à l'article 3 ou par d'autres points que ceux où sont établis les bureaux serait considérée comme frauduleuse et punie comme telle. Il en sera de même des introductions faites par les voies sur lesquelles se trouvent les bureaux en dehors des heures réglementaires d'ouverture de ces bureaux.

Les présents Tarif et Règlement seront affichés dans l'intérieur et à l'extérieur desdits bureaux.

§ II. — Perception sur les objets venant de l'extérieur.

Article 5.

Tout porteur ou conducteur d'objets assujettis aux droits d'octroi sera tenu, avant de les introduire, d'en faire la déclaration au bureau, de produire les congés, acquits-à-caution, passavants, ainsi que les lettres de voiture, connaissements, chartes-parties ou toutes expéditions qui les accompagnent, et d'acquitter les droits si les objets sont destinés à la consommation du lieu, sous peine de la confiscation des dits objets et d'une amende de 100 à 200 francs.

Toute déclaration devra indiquer la nature, la quantité, le poids et le nombre des objets introduits.

ARTICLE 6.

Après la déclaration, les préposés pourront faire toutes les recherches, visites et vérifications nécessaires pour en constater l'exactitude. Les conducteurs seront tenus de souffrir et même de faciliter toutes les opérations relatives aux dites vérifications.

Tout objet soumis à l'octroi qui, nonobstant l'interpellation faite par les préposés, serait introduit sans avoir été déclaré, ou sur une déclaration fausse, sera saisi; les voitures, chevaux et autres moyens de transport seront également saisis, à défaut par les contrevenants de consigner le maximum de l'amende prononcée par l'article précédent ou de fournir caution valable.

ARTICLE 7.

Il est défendu aux employés, sous peine de destitution et de tous dommages-intérêts, de faire usage de la sonde dans la visite des malles, caisses et ballots annoncés contenir des étoffes, linges et autres objets susceptibles d'être endommagés.

Dans ce cas, comme dans tous ceux où le contenu des caisses et ballots serait inconnu et ne pourrait être vérifié immédiatement, la vérification sera faite dans les emplacements à ce destinés et déterminés par l'autorité locale.

ARTICLE 8.

L'introduction ou la tentative d'introduction dans le rayon de l'octroi, d'objets soumis aux droits, à l'aide d'ustensiles préparés ou de moyens disposés pour la fraude, donnera lieu à l'arrestation du porteur ou conducteur des dits objets; cette arrestation pourra être opérée par les préposés de l'octroi.

ARTICLE 9.

Lorsque, en vertu de l'article précédent, les préposés auront arrêté et constitué prisonnier un fraudeur, ils seront tenus de le conduire sur-le-champ devant un officier de police judiciaire, ou de le remettre à la force armée, qui le conduira devant le juge compétent, lequel statuera de suite, par décison motivée, sur l'emprisonnement ou la mise en liberté du prévenu.

Néanmoins, celui-ci sera immédiatement mis en liberté, s'il offre bonne et suffisante caution de se présenter en justice et d'acquitter l'amende encourue, ou s'il consigne la dite amende.

ARTICLE 10.

Les conducteurs de toute espèce de voitures ou autres moyens de transport, alors même qu'ils n'auraient rien à déclarer, devront néanmoins s'arrêter à leur passage devant les bureaux, pour permettre aux préposés de l'octroi la visite de leurs voitures, etc. Toute infraction à cette disposition sera réputée opposition à l'exercice et poursuivie comme telle (*Art. 72 du présent*).

ARTICLE 11.

Les habitants et entrepositaires domiciliés au delà des bureaux d'entrée, mais se trouvant compris dans le périmètre de l'octroi, ne pourront introduire chez eux aucun objet porté au tarif avant d'en avoir fait la déclaration au bureau le plus voisin et avoir acquitté les droits, s'ils ne jouissent pas de l'entrepôt. Ces objets devront être vérifiés et reconnus avant déchargement par les préposés de l'octroi.

De plus, tout entrepositaire domicilié au delà des bureaux et dont les comptes sont suivis d'après le mode adopté par l'article 56 du présent règlement, devra prendre l'engagement de faire, à toute heure et au moment de franchir les limites du rayon de l'octroi, une déclaration écrite, détachée d'un carnet à souche, énonçant la nature, la quantité, le poids et le nombre des objets introduits, laquelle déclaration sera immédiatement portée au bureau le plus voisin. L'entrepositaire ou possesseur de carnet à souche qui ne se conformerait pas à ces prescriptions ou qui serait reconnu avoir fait une déclaration fausse ou commis un abus par suite de fraude dûment constatée, sera immédiatement privé de la faveur accordée par le dit article 56, sans préjudice des peines édictées à l'article 5 du même règlement.

Les carnets seront fournis par l'octroi aux frais des demandeurs, ils seront cotés, parafés et numérotés par le Maire; ils devront être représentés à toute réquisition des agents de l'octroi, sous peine, en cas de refus, de tomber sous le coup de l'article 72 du présent.

Article 12.

Pour faciliter la perception des droits d'octroi sur le gibier, des tickets personnels et pour chaque variété de gibier, portant d'une manière ostensible le nom du chasseur et la valeur du droit à percevoir, seront délivrés à tous les chasseurs qui en feront la demande.

Au moyen de ces tickets, l'introduction du gibier pourra avoir lieu après la fermeture des bureaux, à charge pour l'introducteur de déposer dans les boîtes établies à chaque bureau les tickets représentatifs du gibier qu'il entrera.

§ III. — Perception sur les objets de l'intérieur.

Article 13.

Toute personne qui récolte, extrait du sol, prépare ou fabrique, dans l'intérieur du rayon de l'octroi, des objets compris au tarif, est tenue, sous peine de la confiscation des objets récoltés, préparés ou fabriqués, et d'une amende de 100 à 200 francs, d'en faire la déclaration et si elle ne réclame la faculté de l'entrepôt, d'acquitter immédiatement le droit.

Les préposés de l'octroi reconnaîtront à domicile les quantités récoltées, préparées ou fabriquées, et feront toutes les vérifications nécessaires pour prévenir la fraude.

Article 14.

Les animaux destinés à être abattus seront, s'il y a lieu, marqués au feu au moment de leur introduction. Ceux qu'on introduira morts, ou qu'on abattra dans l'intérieur des limites, seront marqués sur les quatre quartiers. On ne pourra, dans l'un et l'autre cas, se servir d'autres marques que celles déterminées par le Maire.

Aucun abatage ne pourra avoir lieu avant la déclaration à l'un des bureaux le plus voisin et l'acquittement des droits.

Les préposés de l'octroi auront le droit de vérifier si les viandes existant dans les boutiques, resserres, magasins et étables des bouchers et charcutiers ou apportées sur les marchés portent bien les marques ci-dessus. En cas de contravention il sera déclaré saisie, et procès-verbal sera dressé.

Article 15.

Les bouchers et charcutiers pourront sortir de l'abattoir pour être expédié à l'extérieur du lieu sujet, un quart au minimum et en un seul morceau de bœuf, vache, veau, ou porc et un mouton en entier.

La sortie de cette viande sera constatée au moyen d'un passe-debout délivré par le receveur de l'abattoir.

Article 16.

Tout paiement de droits résultant des arrêtés des comptes des entrepositaires, brasseurs et autres dans l'intérieur de la commune, se fera au bureau central désigné à l'article 3 ci-dessus, à l'exception des bestiaux vendus pour la consommation locale, sur la place, les jours de foire et de marché. Les droits sur ces animaux seront acquittés au bureau de l'abattoir.

Article 17.

Les déclarations auxquelles pourront être soumis les entrepositaires, brasseurs et autres pour les objets dont les droits ne sont perceptibles que dans l'intérieur des limites de l'octroi, auront lieu au bureau par où seront introduits les objets; il sera remis un bulletin d'entrepôt.

Article 18.

Les bestiaux que l'on ferait sortir de la commune pour être conduits aux foires et marchés de l'extérieur pourront, à défaut de vente, y rentrer en franchise; à cet effet, il sera délivré aux propriétaires ou conducteurs un permis de sortie indiquant le nombre et l'espèce des animaux pour lesquels il aurait été délivré et leur réintégration aura lieu dans un délai de quarante-huit heures et seulement après vérification par les employés de l'octroi. Il en sera de même pour les bestiaux à conduire au pacage.

CHAPITRE II

§ I. — **Passe-debout, transit et entrepôt des objets soumis aux droits d'entrée du Trésor.**

Article 19.

Les formalités du passe-debout de l'alcool seront les mêmes, pour l'octroi, que celles qui sont observées par la Régie des contributions indirectes; il en sera de même en ce qui concerne le transit des boissons.

L'entrepôt de l'alcool aura lieu, pour l'octroi, d'après les mêmes formalités, conditions, et pour les mêmes quantités que celles qui sont fixées à l'égard des droits du Trésor.

Les exercices chez les entrepositaires seront faits par les employés des Contributions indirectes, en conformité de l'article 91 de l'ordonnance du 9 décembre 1814.

§ II. — **Du passe-debout des objets non sujets aux droits d'entrée du Trésor.**

Article 20.

Le conducteur d'objets soumis à l'octroi, qui voudra traverser seulement la commune ou y séjourner moins de vingt-quatre heures, sera tenu de se munir d'un passe-debout.

Article 21.

Pour jouir de l'exemption résultant du passe-debout, les propriétaires, conducteurs ou porteurs d'objets portés au tarif seront tenus de faire les déclarations prescrites par l'article 5 et d'indiquer, en outre, le lieu du départ et celui de la destination.

Article 22.

Les droits seront consignés ou cautionnés. Ces droits seront rendus ou la caution déchargée lorsqu'il aura été justifié de la sortie des objets. Lorsqu'il sera possible de faire escorter les chargements, le conducteur pourra être dispensé de consigner ou de cautionner les droits, mais il devra acquitter les frais d'escorte qui sont réglés de la manière suivante : d'une porte à l'autre, vingt-cinq centimes.

Le produit de ces escortes fera partie des recettes de l'octroi. Il sera porté en recettes sur un registre spécial coté et parafé par le Maire et tenu par chaque receveur.

Les objets en passe-debout sous consignation ou cautionnement des droits de la sortie desquels il n'aura pas été justifié dans le délai fixé, seront censés livrés à la consommation locale et les droits versés ou cautionnés seront acquis à la commune.

Article 23.

Toute substitution et toute altération faite dans la nature ou l'espèce des objets en passe-debout ou en transit pendant la durée du séjour, fera encourir au contrevenant une amende de 100 à 200 francs et entraînera, en outre, la confiscation des objets représentés et le payement d'une somme égale à la différence de leur valeur avec celle des objets reconnus à l'entrée, laquelle sera déterminée d'après le prix moyen dans le lieu sujet.

Article 24.

Les caisses et ballots accompagnés d'acquits-à-caution et portant les plombs et marques des Contributions indirectes ou des Douanes, sont affranchis des visites et vérifications, si les plombs et marques sont reconnus sains et entiers, et dans le cas seulement où les objets resteront sous la surveillance des employés.

Article 25.

Dans le cas où, par force majeure ou par accident reconnu par les autorités locales, un conducteur sera retenu dans le rayon de l'octroi au delà du délai fixé, le passe-debout sera, sur sa déclaration, converti en transit, et les objets seront mis sous la surveillance des préposés de l'octroi jusqu'à leur sortie. Les frais de loyer ou de garde, s'il y en a, seront à la charge des déclarants.

ARTICLE 26.

En cas de changement de moyens de transport ayant pour effet de rendre plus difficile la vérification à la sortie des objets introduits sur passe-debout, les employés devront être appelés.

§ III. — Du transit des objets non soumis aux droits du Trésor.

ARTICLE 27.

Les déclarations et formalités prescrites pour les objets en passe-debout (excepté en ce qui concerne l'escorte) auront également lieu pour le transit. Les droits seront consignés ou cautionnés. Les objets admis en transit resteront sous la surveillance des préposés jusqu'au moment du départ.

ARTICLE 28.

La durée du transit est fixée à trois jours. Nulle prolongation au delà de ce terme ne peut avoir lieu que sur l'autorisation du Maire, d'après l'avis du préposé principal de l'octroi, et dans le cas d'une nécessité dûment constatée.

ARTICLE 29.

Les droits seront restitués ou la caution déchargée au moment de la sortie. S'il n'était représenté qu'une portion des objets introduits, les droits seraient acquis sur la portion non représentée, à moins toutefois que la vente n'en eût été faite à un entrepositaire, et les objets pris en charge à son compte.

ARTICLE 30.

Les objets amenés aux foires et marchés sont assujettis à toutes les formalités du transit.

Vingt-quatre heures après le délai fixé par l'article 28, ou après l'expiration des foires et marchés, les droits consignés seront définitivement acquis à l'octroi, s'il n'a pas été justifié de la sortie des objets.

Quant aux bestiaux amenés dans le rayon de l'octroi, les jours de foire et de marchés, leurs conducteurs seront exempts de toute consignation ou cautionnement, mais les employés surveilleront la vente des dits bestiaux, et les propriétaires, bouchers, charcutiers ou particuliers qui en auraient acheté pour la consommation intérieure seront tenus, sous peine de la confiscation et d'une amende de 100 à 200 francs, d'en faire la déclaration et de les faire marquer avant de les introduire dans les écuries ou enclos.

Article 31.

Les droits à consigner pour les bestiaux introduits sur passe-debout dans le rayon de l'octroi, ou ceux à acquitter par les entrepositaires en cas de manquants constatés à leur charge, sont fixés ainsi qu'il suit :

Bœufs et taureaux, par tête. . . .		35 »
Vaches et génisses,	—.	30 »
Veaux,	—	12 »
Moutons et brebis,	—	5 »
Chèvres et agneaux,	—	3 »
Chevreaux,	—	3 »
Porcs et sangliers,	—	8 »
Porcelets,	—	2 »

Article 32.

Les voitures et transports militaires chargés d'objets assujettis aux droits sont soumis aux règles ci-dessus prescrites pour le transit et le passe-debout (*art. 40 de l'ordonnance du 9 décembre 1814*).

Toutefois, dans le cas où l'emploi de ces formalités pourrait apporter un retard nuisible, les préposés se borneront à surveiller ou à escorter le convoi.

Article 33.

Les diligences, fourgons, fiacres, cabriolets et autres voitures de louage sont soumis aux visites des préposés de l'octroi.

Il en est de même des voitures particulières suspendues ou non suspendues.

Article 34.

Les individus voyageant à pied ou à cheval ne pourront être arrêtés, questionnés ou visités sur leur personne, ni à raison de leurs effets.

Tout acte contraire à la présente disposition sera réputé acte de violence, et les préposés qui s'en rendront coupables seront poursuivis correctionnellement et punis des peines prononcées par les lois. Tout individu soupçonné de faire la fraude à la faveur de cette exception pourra être conduit devant un officier de police ou devant le Maire, pour y être interrogé et la visite de ses effets autorisée, s'il y a lieu.

Article 35.

Les courriers ne pourront être arrêtés à leur passage, sous prétexte de la perception ; mais ils seront tenus d'acquitter les droits sur les objets soumis à l'octroi qu'ils introduiraient pour être consommés dans la localité; à cet effet, les préposés de l'octroi seront autorisés à assister au déchargement des malles.

§ IV. — **Des bestiaux entretenus dans le rayon de l'octroi.**

Article 36.

Les propriétaires de bestiaux entretenus dans le rayon de l'octroi devront faire leur déclaration au bureau. Il leur sera délivré un permis de circulation indicatif du nombre, de l'espèce et du lieu de passage affecté à la sortie et à la rentrée de ces animaux. Ceux qui seraient introduits au delà du nombre fixé par le permis, et sans déclaration préalable, seront saisis.

Article 37.

Les propriétaires des bestiaux dont il s'agit souffriront les visites et exercices des préposés de l'octroi dans leurs étables et bergeries. Il sera fait inventaire de leurs bestiaux, lequel sera suivi de recensement aux époques déterminées par le Maire.

ARTICLE 38.

Ils sont aussi tenus de déclarer d'avance le nombre et l'espèce des animaux qu'ils livreront aux bouchers et charcutiers, ceux qu'ils feront venir du dehors pour les remplacer, et ceux qu'ils abattront pour leur consommation personnelle.

Ils déclareront également toute diminution ou augmentation dans le nombre de leurs bestiaux, et pour quelque cause que ce soit.

ARTICLE 39.

Les bestiaux morts naturellement, ou exportés hors de la commune, ne sont passibles d'aucun droit. Il sera fait déclaration des premiers dans le jour de la mort, et des seconds préalablement à leur exportation. Ces déclarations seront vérifiées par les préposés. A l'époque des recensements, les propriétaires sont tenus d'acquitter les droits pour les bestiaux reconnus manquants à leur charge.

§ V. — Entrepôt à domicile des objets non soumis aux droits d'entrée du Trésor.

ARTICLE 40.

Les propriétaires et commerçants sont, en justifiant de leur qualité, admis à recevoir chez eux et dans leurs magasins, à titre d'entrepôt et sans acquittement préalable des droits, les marchandises soumises à l'octroi.

Les admissions à la qualité d'entrepositaire seront prononcées par le Maire. Toutes les contestations qui s'élèveraient relativement à l'admission au bénéfice de l'entrepôt seront portées devant le Maire, qui prononcera, sauf recours au Préfet.

ARTICLE 41.

Sont désignés ci-après les objets admis à l'entrepôt à domicile, ainsi que les quantités au-dessous desquelles la faculté de l'entrepôt ne pourra être accordée et le certificat de sortie délivré, savoir :

Les bestiaux seront admis en toute quantité.

DÉSIGNATION DES OBJETS ADMIS A L'ENTREPÔT	MINIMA A L'ENTRÉE	MINIMA A LA SORTIE
Limonades et orangeades.	Cinq hectolitres.	Dix litres.
Vinaigres.................	Dix hectolitres.	Vingt litres.
Lards salés, graisses comestibles et viandes de conserves.............	Deux cents kilog.	Quinze kilog.
Charcuterie..............	Cent kilog.	Cinq kilog.
Truffes et préparations truffées................	Cinquante kilog.	Un kilog.
Conserves de poissons, de fruits et de légumes.	Deux cents kilog. de chaque espèce.	Dix kilog. de chaque espèce.
Fromages.................	Cent kilog. de chaque espèce.	Cinq kilog. de chaque espèce.
Oranges et citrons.......	Cinq cents kilog.	Vingt kilog.
Bois de chauffage........	Cinquante stères.	Un stère.
Houille..................	Dix mille kilog.	Trois cents kilog.
Coke.....................	Cinq mille kilog.	Deux cents kilog.
Charbon de bois..........	Mille kilog.	Soixante-quinze kilog.
Huiles minérales de toutes espèces...............	Cinq hectolitres.	Trente litres.
Cire et bougies..........	Mille kilog.	Douze kilog cinq cents gr.
Suifs de toute espèce, chandelles............	Deux cents kilog.	Dix kilog.
Foins et autres fourrages.	Six mille kilog.	Cent kilog.
Pailles de toutes espèces.	Dix mille kilog.	Cent kilog.
Avoines..................	Trois mille kilog.	Soixante-quinze kilog.
Orge.....................	Mille kilog.	Cinquante kilog.
Son et recoupe...........	Cinq cents kilog.	Vingt-cinq kilog.
Plâtre...................	Dix mille kilog.	Cinq cents kilog.
Chaux....................	Cinq mille kilog.	Deux cent vingt-cinq kil.
Ciments..................	Cinq mille kilog.	Cent kilog.
Fers, aciers et métaux ferro-aciéreux, fonte, zinc, plomb............	Dix mille kilog.	Cent kilog. de chaque espèce.
Treillages métalliques...	Cinq cents kilog.	Quarante kilog.
Briques pleines et creuses, tuiles, carreaux en terre ordinaire..............	Dix mille kilog.	Mille kilog.
Briques et objets de terre réfractaire, tuiles à emboîtement, etc......	Dix mille kilog.	Mille kilog.
Plaques, dalles, carreaux de céramique décorés, en grès...............	Cinq cents kilog.	Cinquante kilog.
Bois de charpente ou de menuiserie ouvré......	Vingt stères de chaque essence.	Cinquante centistères de chaque essence.
Verres à vitres..........	Mille kilog.	Trente kilog.
Vernis, essence de térébenthine, etc.........	Cent kilog. de chaque espèce.	Dix kilog. de chaque espèce.
Couleurs en poudre, ocres, etc.............	Cent kilog. de chaque espèce.	Dix kilog. de chaque espèce.
Papiers et cartons bitumés, etc..............	Cinq cents kilog.	Vingt-cinq kilog.

Les introductions subséquentes pourront avoir lieu en toutes quantités.

ARTICLE 42.

Les combustibles et les matières premières à employer dans les établissements industriels et dans les manufactures de l'État sont admis à l'entrepôt à domicile.

Toutefois l'entrepôt ne sera pas accordé pour les matières premières dans le cas où la somme à percevoir à raison des quantités pour lesquelles elles entrent dans un produit industriel n'atteindrait pas un quart p. 100 de la valeur de ce produit. (*Soit 25 centimes par 100 francs.*)

Pour jouir de l'entrepôt à domicile relativement aux combustibles employés dans les établissements industriels à la préparation de produits destinés au commerce général, le soumissionnaire devra faire entrer une première fois cinq mille kilogrammes au moins.

Les arrivages subséquents pourront avoir lieu en toute quantité.

Décharge sera accordé aux entrepositaires pour toutes les quantités de combustibles et de matières premières employées dans ces établissements à la préparation ou à la fabrication de produits qui ne sont frappés d'aucun droit par le tarif de l'octroi du lieu sujet, pourvu que l'emploi ait été préalablement déclaré et qu'il en ait été justifié aux proposés de l'octroi chargés de l'exercice des entrepôts, à défaut de quoi le droit sera perçu sur les quantités manquantes.

Si le produit industriel à la préparation ou à la fabrication duquel sont employés les combustibles ou les matières premières est imposé au tarif de l'octroi, l'entrepositaire n'en obtiendra pas moins l'affranchissement pour le combustible et la matière employés à la fabrication, mais il payera le droit dû par les produits industriels pour ceux de ces produits qu'il ne justifiera pas avoir fait sortir du lieu sujet.

Décharge sera également accordée, dans les conditions spécifiées aux paragraphes précédents, aux combustibles employés dans l'exploitation des mines, à la production de la force motrice, ainsi qu'aux bois, fers et matériaux de toute sorte servant au revêtement ou au soutènement des puits et galeries, pourvu toutefois que la somme à percevoir, à raison des quantités pour lesquelles ces matériaux concourent à l'exploitation, atteigne un quart p. 100 de la valeur du produit extrait. (*Soit 25 centimes par 100 francs.*)

Article 43.

Lorsque les droits d'octroi auront été acquittés à l'entrée pour des combustibles ou des matières premières qui, dans l'intérieur du lieu sujet, seront employés à la préparation ou à la fabrication d'un produit industriel livré à la consommation intérieure et imposable, s'il est régulièrement justifié de ce paiement, le montant des dits droits sera précompté sur celui des droits dus pour le produit fabriqué.

Toutefois il n'y aura jamais lieu à remboursement d'aucune portion des droits payés à l'entrée, dans le cas où il se trouverait excéder ceux qui sont dus pour le produit fabriqué lui-même.

Article 44.

Ne seront soumis à aucun droit d'octroi les approvisionnements en vivres destinés au service de l'armée de terre, ainsi que de la marine militaire ou marchande, et qui ne doivent pas être consommés dans le lieu sujet : les bois, fers, graisses, huiles, et généralement toutes les matières employées pour la confection ou l'entretien du matériel de l'armée de terre, dans les constructions navales et pour la fabrication d'objets servant à la navigation, les combustibles et toutes autres matières embarquées sur les bâtiments de l'État et du Commerce pour être consommées ou employées en mer.

Ces approvisionnements et matières seront introduits dans les magasins de la Guerre, de la marine de l'État et de la marine marchande, de la manière prescrite pour les objets en entrepôt.

Le compte en sera suivi par les employés et préposés désignés à cet effet, et les droits d'octroi ne seront dus que sur les quantités enlevées pour l'intérieur du lieu sujet et pour toute autre destination que celle qui est spécifiée ci-dessus.

***

Article 45.

Les charbons de terre, le coke et tous autres combustibles employés tant par l'administration de la Guerre, pour la fabrication ou l'entretien du matériel de guerre et pour la confection d'objets destinées à être consommés hors du lieu sujet, que par la marine de l'État et par la marine marchande pour la confection d'objets destinés à la navigation, seront, comme ceux qui sont employés dans les établissements industriels pour la préparation ou la fabrication d'objets destinés au commerce général, affranchis, au moyen de l'entrepôt, du payement de tous droits d'octroi.

Article 46.

Les combustibles et matières destinés au service de l'exploitation des chemins de fer, aux travaux des ateliers et à la construction de la voie seront affranchis de tous droits d'octroi.

En conséquence, les dispositions relatives à l'entrepôt à domicile des combustibles et matières premières employés dans les établissements industriels à la préparation et à la fabrication des objets destinés au commerce général, sont applicables aux fers, bois, charbons, coke, graisses, huiles, et, en général, à tous les matériaux employés dans les conditions ci-dessus indiquées.

En dehors de ces conditions, tous les objets portés au tarif qui seront consommés dans les gares, salles d'attente et bureaux seront soumis aux taxes locales.

Les dispositions qui précèdent sont applicables à la construction et à l'exploitation des lignes télégraphiques.

Article 47.

L'abonnement annuel pourra être demandé, pour les combustibles et matières admises à l'entrepôt, aux termes des articles 42, 44, 45 et 46.

Les conditions de l'abonnement seront réglées de gré à gré entre le Maire et le redevable.

Article 48.

Les entrepositaires seront tenus de fournir aux employés de l'octroi et de mettre à leur disposition les hommes et les ustensiles nécessaires pour faciliter la reconnaissance et le pesage, mesurage ou jaugeage des quantités restant en entrepôt, afin que ces préposés puissent établir le compte des droits dus sur les manquants reconnus et dont la sortie ou l'emploi n'aurait pas été justifié.

Article 49.

Si les entrepositaires refusaient de se conformer aux obligations qui leur sont imposées par l'article précédent, il serait procédé d'office, à leurs frais, aux vérifications dont il s'agit, et, outre la saisie et l'amende encourue pour le cas de fraude dûment constatée, ils seraient passibles des peines prévues par l'article 72 du présent règlement, pour le fait d'empêchement aux exercices.

Article 50.

Indépendamment des obligations ci-dessus mentionnées et des autres conditions qui leur sont imposées, les dits entrepositaires sont tenus de diviser leurs magasins en cases régulières, d'un cubage facile et d'une contenance déterminée.

Article 51.

Les conditions pour l'entrepôt sont : de faire une déclaration par écrit, au bureau de l'octroi, avant l'entrée des objets entreposés, pour ceux venant de l'extérieur, et avant le commencement de la récolte, de chaque préparation ou fabrication, pour les objets produits à l'intérieur du rayon de l'octroi; de permettre les visites et exercices des préposés; de leur ouvrir, à toute réquisition, les caves, magasins et autres lieux de dépôt; et de faire, de la manière et dans les formes voulues par le présent règlement, les déclarations d'expédition pour le dehors et pour l'intérieur.

Les industriels qui profitent de la faculté d'entrepôt pour les combustibles et les matières premières en vertu de l'article 42 du règlement devront, s'ils n'ont pas obtenu l'abonnement, faire la déclaration des quantités de combustibles ou de matières premières qu'ils sont dans l'intention d'employer à cet usage.

Article 52.

Toute expédition, pour l'extérieur, d'objets entreposés ne pourra avoir lieu qu'aux heures indiquées par l'article 3 du présent règlement et devra, avant l'enlèvement des dits objets, être déclarée au bureau de l'octroi. Les droits seront acquittés sur-le-champ pour les objets destinés à la consommation locale. Quant aux objets expédiés pour l'extérieur, ils seront représentés aux préposés de l'octroi, lesquels, après vérification des quantités et espèces, délivreront un certificat de sortie.

Article 53.

Les préposés de l'octroi tiennent un compte d'entrée et de sortie des marchandises entreposées : à cet effet ils peuvent faire, à domicile, dans les magasins, chantiers, caves, celliers des entrepositaires, toutes les vérifications nécessaires pour reconnaître les objets entreposés, constater les quantités restantes, et établir le décompte des droits dus sur celles pour lesquelles il n'est pas représenté de certificat de sortie. Ces droits doivent être acquittés immédiatement par les entrepositaires, et, à défaut, il est décerné contre eux des contraintes qui sont exécutoires nonobstant opposition et sans y préjudicier.

Article 54.

Tout refus de souffrir les visites, vérifications et exercices des préposés de l'octroi sera constaté par procès-verbal. Les prétextes d'absence seront réputés refus formel. Les préposés, après avoir déclaré procès-verbal, pourront requérir l'assistance d'un officier de police, faire ouvrir en sa présence les caves, celliers ou magasins, et procéder aux vérifications prescrites par les articles précédents.

Article 55.

La durée de l'entrepôt est illimitée.

ARTICLE 56.

Les entrepositaires qui préféreraient acquitter les droits d'octroi sur les quantités par eux entreposées, cesseront d'être soumis aux visites d'entrepôt et leur compte s'établira pour l'avenir dans les termes suivants :

1° Leurs sorties seront constatées suivant le mode en usage.

2° Lors de leurs introductions subséquentes ils donneront leurs sorties en l'acquit des droits.

3° Ils n'acquitteront en argent les droits d'octroi que sur les excédents de leurs introductions sur leurs sorties.

CHAPITRE III

Contentieux.

ARTICLE 57.

Toutes contraventions aux dispositions du présent règlement seront constatées par des procès-verbaux, lesquels seront dressés à la requête du Maire. Ils pourront être rédigés par un seul préposé et feront foi en justice jusqu'à preuve contraire.

ARTICLE 58.

Ils énonceront la date du jour où ils seront rédigés, la nature de la contravention, et, en cas de saisie, la déclaration qui en aura été faite au prévenu; les noms, qualité et résidence de l'employé verbalisant et de la personne chargée des poursuites; l'espèce, le poids ou la mesure des objets saisis ; leur évaluation approximative; la présence de la partie à leur description, ou la sommation qui lui aura été faite d'y assister; le nom, la qualité et l'acceptation du gardien, le lieu de la rédaction du procès-verbal et l'heure de la clôture.

ARTICLE 59.

Dans le cas où le motif de la saisie porterait sur le faux ou l'altération des expéditions, le procès-verbal énoncera le genre de faux, les altérations ou surcharges. Lesdites expéditions, signées et parafées, resteront annexées au procès-verbal, qui contiendra la sommation faite à la partie de les parafer et sa réponse.

ARTICLE 60.

La saisie et la confiscation s'étendront aux futailles, caisses, enveloppes, paniers et sacs renfermant les objets en fraude ou en contravention.

ARTICLE 61.

Les objets saisis seront déposés au bureau le plus voisin. Ils pourront néanmoins, s'il y a lieu, être mis en fourrière.

ARTICLE 62.

Si la partie saisie ne s'est pas présentée dans les dix jours, à l'effet de payer ou consigner l'amende encourue, ou si elle n'a pas formé, dans le même délai, opposition à la vente, cette vente sera faite par le receveur, cinq jours après l'apposition, à la porte de la mairie et autres lieux accoutumés, d'une affiche signée de lui, et sans aucune autre formalité.

ARTICLE 63.

Néanmoins, si la vente des objets saisis est retardée, l'opposition pourra être formée jusqu'au jour indiqué pour la dite vente. L'opposition sera motivée et contiendra assignation à jour fixe devant le tribunal correctionnel, avec élection de domicile dans le lieu où siège le Tribunal. Le délai de l'assignation ne pourra excéder trois jours.

ARTICLE 64.

Dans le cas où les objets saisis seraient sujets à dépérissement, la vente pourra être autorisée, avant l'échéance des délais ci-dessus fixés, par une simple ordonnance du juge de paix, sur requête.

ARTICLE 65.

L'action résultant des procès-verbaux en matière d'octroi, et les questions qui pourront naître de la défense du prévenu, seront de la compétence exclusive du tribunal correctionnel.

ARTICLE 66.

En cas de nullité du procès-verbal, et si la contravention se trouve suffisamment établie par d'autres preuves ou par l'instruction, la confiscation des objets saisis ne sera pas moins encourue.

ARTICLE 67.

Le Maire sera autorisé, sauf l'approbation du Préfet, à faire remise, par voie de transaction, de la totalité ou de partie des condamnations encourues, même après le jugement rendu.

ARTICLE 68.

Toutes les fois que la saisie aura été opérée dans l'intérêt commun des droits d'octroi et des droits imposés au profit du Trésor, le procès-verbal devra être rédigé à la requête du directeur des Contributions indirectes. A cet employé supérieur appartiendra aussi, dans ce cas, le droit d'intenter les poursuites et de transiger d'après les règles propres à son administration.

ARTICLE 69.

Le produit des amendes et confiscations pour contraventions au règlement de l'octroi, déduction faite des frais et prélèvements autorisés, sera attribué, moitié aux employés de l'octroi, pour être réparti d'après le mode qui sera arrêté, et moitié à la commune.

ARTICLE 70.

S'il s'élève une contestation sur l'application du tarif ou sur la quotité du droit réclamé, le porteur ou conducteur sera tenu de consigner, avant tout, le droit exigé entre les mains du receveur; faute de quoi il ne pourra passer outre ni introduire l'objet qui aura donné lieu à la contestation, sauf à lui à se pourvoir devant le juge de paix du canton. Il ne pourra être entendu qu'en représentant la quittance de la dite consignation au juge de paix, lequel prononcera sommairement et sans frais soit en dernier ressort, lorsque la somme demandée ne s'élèvera pas au-dessus de 100 francs, soit à la charge d'appel pour les autres affaires.

Article 71.

Les contraintes pour les recouvrements des droits d'octroi seront décernées par le receveur, visées par le Maire, et rendues exécutoires par le juge de paix.

Les oppositions aux dites contraintes seront instruites et jugées conformément aux dispositions prescrites par l'article précédent, et la partie opposante sera également tenue de justifier, avant d'être entendue, de la consignation entre les mains du receveur du montant de la somme contestée.

Article 72.

Toute personne qui s'opposera à l'exercice des fonctions des préposés de l'octroi sera condamnée à une amende de 50 francs, indépendamment de la confiscation des objets saisis, lorsqu'il y aura lieu, et d'une amende de 100 à 200 francs prononcée pour le cas de fraude.

En cas de voies de fait, il en sera dressé procès-verbal, qui sera envoyé au procureur de la République pour en poursuivre les auteurs, et leur faire infliger les peines portées par le Code pénal contre ceux qui s'opposent avec violence à l'exercice des fonctions publiques.

Article 73.

Les propriétaires de tous les objets compris au tarif sont responsables du fait de leurs facteurs, agents et domestiques, en ce qui concerne les droits, confiscations, amendes et dépens, lorsque la contravention aura été commise dans les fonctions auxquelles ils auront été employés par leurs maîtres, conformément à l'article 1384 du Code civil.

Les pères, mères ou tuteurs seront garants des faits de leurs enfants ou pupilles mineurs non émancipés et demeurant chez eux.

Seront également responsables les propriétaires ou principaux locataires, relativement à la fraude qui se commettrait dans leurs maisons, clos, jardins et autres lieux par eux personnellement occupés, s'ils sont convaincus de l'avoir favorisée ou d'y avoir participé.

CHAPITRE IV

Personnel.

ARTICLE 74.

Quel que soit le mode de perception, toutes personnes dirigeant l'octroi seront tenues de permettre le concours des employés des Contributions indirectes dans tous les cas où il doit avoir lieu, de leur laisser faire les vérifications et opérations relatives à leur service, et de leur donner communication de tous états, bordereaux et renseignements dont ils auront besoin.

ARTICLE 75.

Les préposés de l'octroi seront tenus, sous peine de destitution, d'exiger de tout conducteur d'objets soumis aux Contributions indirectes la représentation des congés, passavants, acquits-à-caution, lettres de voitures et autres expéditions, de vérifier les chargements, de rapporter procès-verbal des fraudes ou contraventions qu'ils découvriront, de concourir au service des Contributions indirectes toutes les fois qu'ils en seront requis, sans toutefois pouvoir être déplacés de leur service ordinaire, enfin, de remettre chaque jour à l'employé supérieur des Contributions indirectes un relevé des objets soumis aux droits du Trésor qui auront été introduits.

Les employés des Contributions indirectes concourront également à la surveillance du service de l'octroi et rapporteront procès-verbal pour les fraudes et contraventions relatives aux droits d'octroi qu'ils découvriront.

ARTICLE 76.

Les préposés de l'octroi se serviront, pour constater le volume et le degré des liquides, des instruments dont les employés des Contributions indirectes font usage.

ARTICLE 77.

Les préposés de l'octroi devront toujours être porteurs de leur commission, et seront tenus de la représenter lorsqu'ils en seront requis.

Article 78.

Le port d'armes est accordé aux préposés de l'octroi dans l'exercice de leurs fonctions. Ceux qui abuseraient de cette faculté seront destitués, sans préjudice des poursuites judiciaires auxquelles ils auront donné lieu.

Article 79.

Les préposés de l'octroi ne pourront ni faire le commerce des objets tarifés, ni s'intéresser à ce commerce, soit comme bailleurs de fonds ou commanditaires.

Tout préposé qui favorisera la fraude, soit en recevant des présents, soit de toute autre manière, sera mis en jugement et condamné aux peines portées par le Code pénal contre les fonctionnaires publics prévaricateurs.

Article 80.

Les préposés de l'octroi qui seraient signalés comme remplissant mal leurs fonctions, ou comme ayant donné lieu à des plaintes graves, pourront être suspendus par le Préfet ou même révoqués par lui, sur la provocation du Directeur général des Contributions indirectes.

Article 81.

Les préposés de l'octroi sont placés sous la protection de l'autorité publique. Il est défendu de les injurier, maltraiter, et même de les troubler dans l'exercice de leurs fonctions, sous les peines de droit. La force armée est tenue de leur prêter secours et assistance toutes les fois qu'elle en sera requise.

Dispositions générales.

Article 82.

Tous les registres employés à la perception et au service de l'octroi seront fournis par la régie des Contributions indirectes; la dépense lui en sera remboursée par la commune; les perceptions ou déclarations y seront inscrites sans interruption ni lacune. Les expéditions qui en seront détachées seront marquées du timbre des Contributions indirectes, dont le prix, fixé par la loi, sera acquitté par les redevables, et le montant versé dans les caisses de cette Administration, aux époques et de la manière qu'elle indiquera.

ARTICLE 83.

Les registres servant à la perception des droits de circulation sur les vins, cidres, poirés, hydromels, ceux servant à la perception des droits d'entrée sur l'alcool et sur les huiles non minérales, aux déclarations de passe-debout, de transit, d'entrepôt et de sortie pour les mêmes boissons et liquides, ceux qui sont employés pour recevoir les déclarations de mise de feu de la part des brasseurs et distillateurs, enfin les registres portatifs tenus pour l'exercice de redevables soumis en même temps aux droits d'octroi et à ceux dus au Trésor, seront communs aux deux services.

ARTICLE 84.

Dans tous les cas non prévus au présent règlement on s'en référera aux lois et aux règlements généraux en vigueur sur les octrois.

TARIF

NUMÉROS	OBJETS IMPOSÉS	MESURES POIDS OU NOMBRE	DROITS A PERCEVOIR	
	BOISSONS ET LIQUIDES			
1	**Limonades** gazeuses, citronnades, orangeades et toutes boissons gazeuses édulcorées ou parfumées à l'exclusion des eaux gazeuses simples.	L'hectolitre.	6	»
2	**Produits** non alcooliques pour boissons tels que orangeades et citronnades concentrées, eaux de menthe, de rose, etc.	Le litre.	»	15
3	**Vinaigres** de toutes espèces jusqu'à 8 degrés inclus	L'hectolitre.	5	»
	COMESTIBLES			
4	**Animaux vivants**: Bœufs, vaches, taureaux, génisses, veaux de pré et chevreaux. . . .	100 kilog.	6	»
5	**Veaux** de lait	Id.	12	»
6	**Moutons**, béliers, brebis, agneaux gris et agneaux de lait.	Id.	8	»
7	**Chèvres** et boucs.	Id.	4	»
8	**Porcs** et cochons de lait.	Id.	9	»
9	Viandes dépecées de : **Bœuf,** vache, taureau, veau de pré, mouton, brebis, agneau, viandes congelées, frigorifiées ou protégées.	Id.	12	»
10	Viandes dépecées de : **Chèvre** et bouc.	Id.	8	»
11	Viandes dépecées de : **Veau de lait**.	Id.	16	»
12	Viandes dépecées de : **Porc,** cochon de lait, graisses comestibles, animales ou végétales de toute espèce, lard, viandes salées communes autres que le porc.	Id.	10	80
13	**Cheval**, âne et mulet.	Id.	8	»
14	**Charcuterie**.	Id.	10	»

OBSERVATIONS

(3) Les vinaigres concentrés, acides acétiques ou pyroligneux sont taxés sept fois plus.

NUMÉROS	OBJETS IMPOSÉS	MESURES POIDS OU NOMBRE	DROITS A PERCEVOIR	
	COMESTIBLES (*suite*)			
15	**Viandes cuites**, viandes fumées, purées, pâtés, terrines et conserves de viandes non truffées, extraits et jus de viande, bouillons concentrés, soupes, sauces et accommodements	Le kilog.	»	20
16	**Abats** et issues.	100 kilog.	6	»
17	**Abats de choix** tels que cervelles, ris de veau, langues et rognons, têtes et pieds de veau	Id.	21	»
18	**Dindes** et oies.	La pièce.	»	50
19	**Canards** et pintades	Id.	»	20
20	**Chevreuils**, cerfs, biches, daims, sangliers.	Le kilog.	»	20
21	**Lièvres**.	La pièce.	»	75
22	**Faisans** (coqs et poules, coqs de bruyères, outardes, oies et canards sauvages.	Id.	»	50
23	**Lapins** de garenne.	Id.	»	20
24	**Perdrix**, perdreaux, bécasses	Id.	»	30
25	**Cailles**, grives, merles, bécassines, râles de genêts, râles rouges, pilets, pigeons-ramiers, poules d'eau, tourterelles, vanneaux, pluviers, sarcelles.	La pièce.	»	20
26	**Truffes** fraîches ou conservées, pâtés ou terrines de foies gras truffés.	Le kilog.	2	50
27	**Volailles et gibiers** truffés, pâtés et terrines truffées.	Id.	1	50
28	**Conserves**, pâtés et terrines de volailles et de gibier non truffés avec ou sans mélange de viande, pâtés de poissons, pâtés et ter-			

OBSERVATIONS

(15) Les extraits et jus de viande et bouillons concentrés à l'état concret ou en tablettes sont taxés cinq fois plus.

(16) Les abats et issues à l'état brut ne paieront que 1/2 droit.

NUMÉROS	OBJETS IMPOSÉS	MESURES POIDS OU NOMBRE	DROITS A PERCEVOIR	
	COMESTIBLES (*suite*)			
	rines de foies gras non truffés, de canards ou de volailles au naturel, crêtes et rognons de coq	Le kilog.	»	75
29	**Huîtres** fraîches ou marinées.	100 kilog.	15	»
30	**Poissons de mer** : homard, langouste, crevette dite bouquet, esturgeon, turbot, bar, barbue, sole, surmulet ou rouget, barbot-mulet	Le kilog.	»	15
31	**Raie**, merlan, maquereau, congre, dorade St-Pierre ou poule de mer, sole-perdrix, limande, limande-sole, carrelet ou plie-lotte ou marache, rascasse, langoustine, crevette grise, coquille St-Jacques.	Id.	»	03
32	**Poissons d'eau douce** : saumons, truites, ombres, sterlets.	Id.	»	20
33	**Autres poissons** et écrevisses.	Id.	»	10
34	**Beurre** de toute espèce, frais ou fondu, salé ou non.	Id.	»	10
35	**Fromages** de toute espèce autres que les fromages dits de Coulommiers et ceux à consommer frais conservant le caractère de laitage	Id.	»	15
36	**Conserves de poissons** marinés ou à l'huile renfermés dans des récipients hermétiquement clos et scellés. Conserves au vinaigre. Conserves de fruits et de légumes. Conserves diverses, jus et pulpes de fruits. Fruits secs de table, raisins secs, prunes, pruneaux, figues, dattes, mangues, caroubes, amandes, noix, noisettes, arachides, pistaches, marrons, châtaignes, olives, champignons frais ou conservés, etc	Id.	»	20

OBSERVATIONS

(29) Les huîtres dites portugaises paieront 1/2 droit.

(31) Les raies communes : raie Saint-Pierre, raie-terre, raie-souris, la morue salée, le stockfisch, les maquereaux salés et harengs frais, salés ou fumés, ne sont pas imposés. (Loi du 13 août 1913.)

(36) Les conserves ne sont imposables qu'autant qu'elles sont renfermées en récipients hermétiquement clos ou scellés. Les confitures, fruits confits au sucre, fruits conservés au sirop, jus et pulpes sucrés ne sont pas imposables. Les fruits secs destinés à la fabrication des vins et cidres de ménage ne sont pas imposables. Les fruits à amande, lorsqu'ils sont introduits décortiqués, sont frappés du double droit.

NUMÉROS	OBJETS IMPOSÉS	MESURES POIDS OU NOMBRE	DROITS A PERCEVOIR	
	COMESTIBLES (*suite*).			
37	**Oranges**, citrons, limons, mandarines, grenades, bananes, ananas et autres fruits frais exotiques.	100 kilog.	8	»
38	**Moutarde** préparée au vinaigre, à l'eau ou à tout autre liquide	Id.	6	»
39	**Moutarde** en grains ou en poudre.	Id.	11	50
40	**Escargots**.	Le kilog.	»	20
41	**Miel**.	100 kilog.	12	»
	COMBUSTIBLES			
42	**Bois** à brûler dur.	Le stère.	1	60
43	**Bois** à brûler tendre, charbonnette, copeaux et planches de déchirage.	Id.	1	30
44	**Fagots** et cotrets, sarments, margotins, allume-feu comprimés de sciure, additionnés ou non de graisse, résine, huile minérale, déchets de bois de travail, pommes de pin, mottes de tan.	100 kilog.	»	25
45	**Charbon de bois** et ses dérivés, charbon de Paris.	Id.	2	»
46	**Charbon de terre**, anthracite, briquettes, boulets agglomérés	Id.	»	50
47	**Coke**	Id.	»	60
48	**Tourbes**, lignites, escarbilles et tous autres combustibles minéraux, autres que les précédents.	Id.	»	30
49	**Suifs** de toute espèce, chandelles.	Id.	7	50
50	**Cires** blanches ou jaunes, bougies et cierges de cire.	Id.	20	»

OBSERVATIONS

(38) Le vinaigre contenu dans les moutardes préparées n'est pas imposable en sus.

(42-43) Le bois ou planches de déchirage seront imposés comme bois à brûler tendre.

(47) Le coke fabriqué à l'intérieur avec du charbon qui aura payé le droit, sera affranchi de la taxe. Le poussier de coke paiera demi-droit.

(49) Pour les suifs bruts ou en branche, les taxes seront inférieures d'un cinquième à celle du suif fondu.

NUMÉROS	OBJETS IMPOSÉS	MESURES POIDS OU NOMBRE	DROITS A PERCEVOIR	
	COMBUSTIBLES (*suite*).			
51	**Bougie** stéarique, acide stéarique et margarique et autres substances pouvant remplacer la cire, bougies et cierges de ces substances.	100 kilog.	18	»
52	**Huiles** et essences minérales à brûler, benzols et tous liquides pour le chauffage, l'éclairage et la force motrice autres que l'alcool dénaturé et l'essence minérale de pétrole ou de schiste.	L'hectolitre.	1	50
	FOURRAGES et denrées destinés aux animaux.			
53	**Foin**, sainfoin, trèfle, luzerne et autres fourrages.	100 kilog.	»	80
54	**Pailles** de toute espèce, battues ou non battues.	Id.	»	60
55	**Avoine** en grains, moulue ou concassée. . .	Id.	1	30
56	**Sons** et recoupes.	Id.	1	20
57	**Orge**, maïs, sarrasin, en grains, moulus ou concassés, fèves, fèverolles, vesces, pois, lentilles, caroubes, cosses sèches, betteraves, carottes, tourteaux, drèches et pulpes et tous résidus du traitement industriel des matières amylacées et oléagineuses, destinés à la nourriture des animaux.	Id.	»	80
58	**Biscuits**, pain azyme pour la nourriture des animaux	Id.	1	30
59	**Biscuits** à base de viande pour la nourriture des chiens.	Id.	2	50
60	**Tourbe** et mousse de tourbe, jonc, ajonc, genêts, roseaux, tringles, laiches, rouches, chaume, fougère, bruyère pour litière. . .	Id.	»	30

OBSERVATIONS

(53) Les fourrages verts ne peuvent être imposés.

(54) Le grain adhérent aux pailles sera, s'il y a lieu, imposé à part.

(57) Les pulpes et drèches fraiches paieront demi-taxe. Les mélanges sucrés ou mélassés sont exonérés de tout droit.

NUMÉROS	OBJETS IMPOSÈS	MESURES POIDS OU NOMBRE	DROITS A PERCEVOIR	
	MATÉRIAUX			
61	**Plâtre**.	100 kilog.	»	70
62	**Chaux** et mortiers	Id.	»	60
63	**Ciments**, enduits, préparations à base de ciment, chaux, etc., pour usages spéciaux, calorifuges, hydrofuges, contre la salpétration, imitation de pierre ou de bois, raccords, etc.	Id.	1	20
64	**Moellons**, plâtras, pavés et meulières de toute dimension, travaillés ou non. . . .	Mètre cube.	»	90
65	**Pierres de taille** dures.	Id.	4	»
66	**Pierres de taille** tendres.	Id.	3	»
67	**Dalles** et carreaux de pierre de toute espèce.	Mètre carré.	»	50
68	**Marbres** et granits.	Mètre cube.	15	»
69	**Fers**, aciers et métaux ferro-aciéreux, fonte, zinc, plomb, destinés à la construction immobilière.	100 kilog.	3	»
70	**Cuivre**, laiton et bronze, destinés à la construction immobilière	Id.	6	»
71	**Ardoises** pour toitures de $0^{m},22 \times 0^{m},30$ et au-dessous	Le 1000.	6	»
72	**Ardoises factices** non métalliques, ardoises en fibro-ciment	100 kilog.	1	70
73	**Plaques**, dalles, panneaux et carreaux d'ardoises	Id.	»	45
74	**Briques**, pleines ou creuses, tuiles, carreaux et bordures de jardin, en terre ordinaire. .	Id.	»	20
75	**Briques** et objets en terre réfractaire. Tuiles à emboîtement, boisseaux, wagons, mitres,			

OBSERVATIONS

(61) Les pierres à chaux ou pierres à plâtre sont imposés en raison de la chaux ou du plâtre qu'elles contiennent.

(62) Les briques hourdis et carreaux de plâtre mélangés d'autres produits sont dégrevés d'un quart. Pour le staff et le stuc le droit est triplé.

La chaux destinée à l'amendement des terres est exonérée.

(63) Les objets fabriqués en ciment avec mélange de matériaux d'une valeur inférieure sont dégrevés d'un quart. Si la discrimination ne peut se faire, ces objets seront considérés comme étant exclusivement en ciment armé.

Pour les objets en ciment armé ou en béton armé les fers ou aciers sont imposés à part.

(68) Les marbres qui font partie des meubles ne sont pas imposables, pas plus que les meubles eux-mêmes.

(69) Les métaux destinés à la construction des machines et de leurs organes de transmission ne sont pas imposables.

NUMÉROS	OBJETS IMPOSÉS	MESURES POIDS OU NOMBRE	DROITS A PERCEVOIR	
	MATÉRIAUX (*suite*).			
	objets de faîtage en terre ordinaire non décorés, tuyaux, tuiles, briques, carreaux, bordures de jardin vernissés ou émaillés. .	100 kilog.	»	40
76	**Plaques**, dalles, carreaux en céramique, décorés, en grès, porcelaine, faïence ou objets de faîtage avec décoration ou ornements, vernissés ou émaillés, en grès ou en porcelaine.	Id.	1	»
77	**Appareils sanitaires**, éviers, lavabos, baignoires, etc., en faïence.	Id.	2	25
78	**Les mêmes** en grès, porcelaine ou fonte émaillée	Id.	4	50
79	**Matériaux** en liège ou sciure agglomérée. .	Id.	»	80
80	**Argile**, terre glaise, marne, terre réfractaire, cran, sable, gravois, cailloux, déchets de briques ou de tuiles, mâchefer, laitier, scories, escarbilles.	Mètre cube.	»	50
81	**Bois** de charpente ou de menuiserie ouvré dur.	Le Stère.	6	»
82	**Bois** de charpente ou de menuiserie ouvré tendre, lattes, treillages, voliges, échalas, barreaux et perches de toute nature. . . .	Id.	4	50
83	**Bois** en grume dur.	Id.	4	50
84	**Bois** en grume tendre.	Id.	3	60
85	**Verres à vitres**, verres coulés armés, briques, tuiles, panneaux, carreaux et tous objets de verre, sans ornement pour la construction	100 kilog.	3	»

OBSERVATIONS

(80) La marne destinée à l'amendement des terres et les matériaux destinés à la confection ou à la réparation des chemins publics sont affranchis de la taxe.

NUMÉROS	OBJETS IMPOSÉS	MESURES POIDS OU NOMBRE	DROITS À PERCEVOIR	
	MATÉRIAUX (*suite*).			
86	**Glaces**, vitraux, verre de Bohême, verre de couleur, verres taillés, gravés ou décorés destinés à être fixés à perpétuelle demeure et tous objets de cristal, objets de verre gravés ou décorés, destinés à la construction	100 kilog.	8	»
	OBJETS DIVERS			
87	**Savons** de toilette ou de parfumerie, produits de parfumerie, eaux, essences, extraits, huiles, vinaigres de toilette non alcooliques, crèmes, poudres, pâtes dentifrices, cosmétiques, pommades de toilette, teintures, lotions, vaseline et glycérine parfumées . .	Id.	20	»
88	**Vernis** de toute espèce, autres que ceux à l'alcool imposable, couleurs en poudre, en pains ou préparés sous les réserves portées au renvoi, encaustiques, cirages pour le bois ou le cuir. Huiles et oléines pour peinture, huiles cuites, huiles de résine ou de térébenthine, essence de térébenthine naturelle ou synthétique et autres liquides pouvant être employés comme essence pour les usages domestiques où les peintures et vernis siccatifs liquides, ou en poudre. Gomme, laque, copal et autres gommes et résines servant à la fabrication des vernis.	Id.	10	»
89	**Carbure de calcium,** ocres, blancs d'Espagne, de Paris, de Troyes ou de Meudon, tripoli, terre blanche, terre pourrie, poudres, produits solides ou liquides, acides, solutions alcalines, enduits colorés ou non préparés pour le nettoyage, le décapage, le polissage			

OBSERVATIONS

(88) Les couleurs préparées à l'eau paieront demi-droit. Les blancs de craie et de baryte, les ocres en nature ne paieront que demi-droit.

(89) L'acétylène présenté en quelque état que ce soit, est imposable à raison de 30 mètres cubes de gaz ramenés à la pression atmosphérique pour 100 kilogrammes de carbure.

NUMÉROS	OBJETS IMPOSÉS	MESURES POIDS OU NOMBRE	DROITS A PERCEVOIR	
	OBJETS DIVERS (*suite*).			
	et la conservation des métaux, marbres, meubles, boiseries et glaces. Préparation à base de goudron pour imprégner et conserver le bois, mastics, produits calorifuges, ignifuges, et contre la salpétration. Résines communes. Colle de menuisier, colle de peau, colle de poisson, colles préparées pour la peinture à la détrempe. Gommes liquides. Goudrons solides ou liquides, résidus de gaz. Carton, papier et feutre bitumés ou goudronnés.	100 kilog.	5	»
90	**Brai,** bitume, asphalte.	Id.	2	»
91	**Papiers,** cartons et produits pour revêtements. Linoléum et produits similaires pour tapis destinés à être posés à demeure. . . .	Id.	10	»
92	**Confettis** de toute nature, serpentins et similaires.	Id.	15	»

Vu pour être annexé à la délibération du Conseil Municipal en date du 19 Mars 1920 et certifié par le Maire.

OBSERVATIONS GÉNÉRALES

Les quantités inférieures à celles déterminées au présent tarif seront imposées proportionnellement.

Tous les objets compris au tarif : récoltés, extraits du sol, préparés ou fabriqués dans l'intérieur du rayon de l'octroi sont imposés comme ceux venant de l'extérieur. (Article 13 du règlement.)

MINISTÈRE
DES FINANCES

OCTROIS

RÉPUBLIQUE FRANÇAISE

Le Président de la République,

Sur le Rapport du Ministre des Finances,

Vu les délibérations du Conseil municipal de Coulommiers en date des 19 mars et 13 octobre 1920, relatives à l'octroi de cette commune,

Vu l'avis de la Commission départementale de Seine-et-Marne en date du 28 juin 1920,

Vu l'ordonnance du 9 décembre 1814,

Vu la loi du 5 avril 1884,

Vu le décret du 13 août 1919 et le tarif général y annexé,

Vu les observations du Ministre de l'Intérieur,

Les sections de l'Intérieur et des Finances du Conseil d'État entendues,

Décrète :

Article Premier. — Sont approuvées les délibérations du Conseil municipal de Coulommiers en date des 19 mars et 13 octobre 1920, ayant pour objet la revision et la prorogation, jusqu'au 31 décembre 1924 inclusivement, des actes constitutifs de l'octroi de cette ville, sauf en tant qu'elles comporteraient :

1° L'inscription au tarif légal des savons non parfumés, des lessives, panamines, borax, alun et de tous produits solides à base de soude ou de potasse, ainsi que des eaux et des extraits de Javel.

2° La perception de taxes sur les viandes dépecées de mouton, brebis et agneau qui ne seraient pas faites par rapport à l'imposition des mêmes animaux vivants, selon la règle de proportionnalité tracée par la note marginale *n° 1* (comestibles) du tarif général du 13 août 1919.

3° Le maintien d'un tarif sur les vinaigres ordinaires exonérant les vinaigres titrant de plus de 8°.

4° La modification du périmètre.

Art. 2. — Le Ministre des Finances est chargé de l'exécution du présent décret, qui sera inséré au *Bulletin des Lois*.

Fait à Paris, le 18 décembre 1920.

Signé : A. MILLERAND.

Pour copie conforme,
L'Administrateur des Contributions indirectes,
Signé : illisible.

Par le Président de la République,
Le Ministre des Finances,
Signé : François Marsal.

992-20. — Coulommiers. — Imp. Brodard. — 1-21.

www.ingramcontent.com/pod-product-compliance
Ingram Content Group UK Ltd.
Pitfield, Milton Keynes, MK11 3LW, UK
UKHW021517260726
13993UKWH00004B/1722